Die Erde bindet den Baum für seine Dienste an sich,
der Himmel verlangt ihm keine Gegenleistung ab.

Rabindranath Tagore

Lärchen, Birken, Erlen,
ein fraulicher Wald!

Christian Morgenstern

Seelenbaum

Was der Saft im Baum ist,
das ist die Seele im Körper,
und ihre Kräfte entfaltet sie
wie der Baum seine Gestalt.
Die Erkenntnis gleicht dem Grün
der Zweige und Blätter,
der Wille den Blüten,
das Gemüt ist wie die zuerst
hervorbrechende Knospe,
die Vernunft
wie die voll ausgereifte Frucht.
Der Sinn endlich gleicht
der Ausdehnung des Baumes
in Höhe und Breite.
So ist die Seele der innere Halt
und die Trägerin des Leibes.
Die Seele im Menschen ist
wie der Saft im Baum,
denn wie durch den Saft alle
Früchte des Baumes wachsen,
so werden auch durch die Seele
alle Werke des Menschen ausgeführt.

Hildegard von Bingen

Bleib behütet und beschützt!

Von der Weisheit der Bäume

benno

Was ich dir wünsche?

Nicht, dass du der schönste Baum bist,
der auf dieser Erde steht.
Nicht, dass du jahraus, jahrein
leuchtest von Blüten an jedem Zweig.
Aber dass dann und wann
an irgendeinem Ast eine Blüte aufbricht,
dass dann und wann etwas Schönes gelingt,
irgendwann ein Wort der Liebe ein Herz findet,
das wünsche ich dir.
Ich wünsche dir, dass du dem Himmel nahe bist
und mit der Erde kräftig verbunden,
dass deine Wurzeln Wasser finden
und deine Zweige im Licht sind.

Dass du Halt findest an einem festen Stamm
und die Kraft hast, ein Stamm zu sein
für die, die du tragen sollst.
Dass du mit allem, was krumm ist an dir,
an einem guten Platz leben darfst
und im Licht des Himmels.

Dass auch, was nicht gedeihen konnte, gelten darf
und auch das Knorrige und das Unfertige
an dir und deinem Werk
in der Gnade Gottes Schutz finden.
Hin und wieder eine Stunde
wünsche ich dir,
in der du den Reichtum erkennst,
der dir gegeben ist.

Jörg Zink

O grüner Baum des Lebens

O grüner Baum des Lebens,
in meiner Brust versteckt,
lass mich nicht flehn vergebens!
Ich habe dich entdeckt.
O zeige mir die Wege
durch diesen tiefen Schnee,
wenn ich den Fuß bewege,
so gleit' ich von der Höh'.

Ich werd' in Strahlen schwimmen,
aus dieses Leibes Nacht,
wohin kein Mensch kann klimmen
mit des Gedankens Macht.
Es ward mein Sinn erheitert,
die Welt mir aufgetan,
der Geist in Gott erweitert,
unendlich ist die Bahn!

Achim von Arnim

Die Bäume

Immer sind es Bäume
die mich verzaubern

Aus ihrem Wurzelwerk schöpfe ich
Kraft für mein Lied

Ihr Laub flüstert mir
grüne Geschichten

Jeder Baum ein Gebet
Das den Himmel beschwört

Grün die Farbe der Gnade
Grün die Farbe des Glücks

Rose Ausländer

Und Gott sah, dass es gut war

Und Gott sprach: „Die Wasser unter dem Himmel sollen sich an einem Ort sammeln, damit trockener Boden zum Vorschein kommt." Und so geschah es. Gott nannte den trockenen Boden „Erde" und die Wasserfläche nannte er „Meer". Und Gott sah, dass es gut war. Dann sprach er: „Auf der Erde soll Gras wachsen und sie soll Pflanzen hervorbringen, die Samen tragen, und Bäume voller unterschiedlicher Früchte, in denen ihr Same ist." Und so geschah es. Auf der Erde wuchs Gras sowie Pflanzen und Bäume, die Samen trugen. Und Gott sah, dass es gut war.

1. Buch Mose 1,8–12

Die Wahl des Königs

Einst beschlossen die Bäume, einen König zu wählen. Sie sprachen zum Olivenbaum: „Sei unser König!“ Doch dieser antwortete ihnen: „Soll ich vielleicht aufhören, Öl hervorzubringen, das Gott und die Menschen ehrt, nur um über den Bäumen zu schweben?“ Da sprachen sie zum Feigenbaum: „Sei du unser König!“ Doch der Feigenbaum entgegnete: „Soll ich vielleicht aufhören, meine süßen Früchte hervorzubringen, nur um über den Bäumen zu schweben?“ Da sprachen sie zum Weinstock: „Sei du unser König!“ Doch der Weinstock erwiderte: „Soll ich vielleicht aufhören, den Wein hervorzubringen, der Gott und die Menschen erfreut, nur um über den Bäumen zu schweben?“ Schließlich wandten sich alle Bäume an den Dornbusch und sagten: „Komm, sei du unser König!“ Und der Dornbusch antwortete: „Wenn ihr mich wirklich zu eurem König machen wollt, dann kommt und sucht Schutz in meinem Schatten. Wenn nicht, soll Feuer aus dem Dornbusch hervorbrechen und die Zedern des Libanon verzehren.“

Richter 9,7–16

Traum

Ich lebe mein Leben in wachsenden Ringen,
die sich über die Dinge ziehn.
Ich werde den letzten vielleicht nicht vollbringen,
aber versuchen will ich ihn.

Ich kreise um Gott, um den uralten Turm,
und ich kreise jahrtausendelang;
und ich weiß noch nicht: bin ich ein Falke, ein Sturm
oder ein großer Gesang.

Rainer Maria Rilke

Wurzeln

Doch wie ich mich auch in mich selber neige.
Mein Gott ist dunkel und wie ein Gewebe.

Von hundert Wurzeln, welche schweigsam trinken.
Nur dass ich mich aus seiner Wärme hebe,
mehr weiß ich nicht, weil alle meine Zweige
tief unten ruhn und nur im Winde winken.

Rainer Maria Rilke

Die zwei Wurzeln

Zwei Tannenwurzeln, groß und alt,
unterhalten sich im Wald.

Was droben in den Wipfeln rauscht,
das wird hier unten ausgetauscht.

Ein altes Eichhorn sitzt dabei
und strickt wohl Strümpfe für die zwei.

Die eine sagt: knig. Die andere sagt: knag.
Das ist genug für einen Tag.

Christian Morgenstern

Brüder

Wenn in Wäldern Baum an Bäumen,
Bruder sich mit Bruder nähret,
sei das Wandern, sei das Träumen
unverwehrt und ungestöret;

doch, wo einzelne Gesellen
zierlich miteinander streben,
sich zum schönen Ganzen stellen,
das ist Freude, das ist Leben.

Johann Wolfgang von Goethe

Der Lindenbaum

Am Brunnen vor dem Tore
da steht ein Lindenbaum:
Ich träumt' in seinem Schatten
so manchen süßen Traum.

Ich schnitt in seine Rinde
so manches liebe Wort;
es zog in Freud und Leide
zu ihm mich immer fort.

Ich musst' auch heute wandern
vorbei in tiefer Nacht,
da hab' ich noch im Dunkel
die Augen zugemacht.

Und seine Zweige rauschten,
als riefen sie mir zu:
Komm her zu mir, Geselle,
hier findst du deine Ruh'!

Die kalten Winde bliesen
mir grad' ins Angesicht;
der Hut flog mir vom Kopfe,
ich wendete mich nicht.

Nun bin ich manche Stunde
entfernt von jenem Ort,
und immer hör' ich's rauschen:
Du fändest Ruhe dort!

Wilhelm Müller

Der Baum

Dann war da dieser Baum.
Nichts weiter als grün,
wenn es soweit war,
mit einem Schatz von Blättern
und Vögeln,
Schatten, je nach Tageszeit,
bei schönem Wetter,
ohne Umwelt, für sich,
mit Gewitter und Leuten,
die sich kurz unter ihm liebten,
den Kopf voll Sonne –
ein Gedicht wert wie dieses.
Dieser Baum. Ich warf
einen Stein nach ihm.
Er kam nicht zurück.
Ich bestieg ihn langsam
und verirrte mich
in einem fernen Land.

Karl Krolow

Vergänglichkeit

Vom Baum des Lebens fällt
Mir Blatt um Blatt,
O taumelbunte Welt,
Wie machst du satt,
Wie machst du satt und müd,
Wie machst du trunken!
Was heut noch glüht,
Ist bald versunken.
Bald klirrt der Wind
Über mein braunes Grab,
Über das kleine Kind
Beugt sich die Mutter herab.
Ihre Augen will ich wiedersehn,
Ihr Blick ist mein Stern,
Alles andre mag gehn und verwehn,
Alles stirbt, alles stirbt gern.
Nur die ewige Mutter bleibt,
Von der wir kamen,
Ihr spielender Finger schreibt
In die flüchtige Luft unsre Namen.

Hermann Hesse

Bäume

Bäume sind für mich immer die eindringlichsten Prediger gewesen. Ich verehre sie, wenn sie in Völkern und Familien leben, in Wäldern und Hainen. Und noch mehr verehre ich sie, wenn sie einzeln stehen. Sie sind wie Einsame. Nicht wie Einsiedler, welche aus irgendeiner Schwäche sich davongestohlen haben, sondern wie große, vereinsamte Menschen, wie Beethoven und Nietzsche. In ihren Wipfeln rauscht die Welt, ihre Wurzeln ruhen im Unendlichen; allein sie verlieren sich nicht darin, sondern erstreben mit aller Kraft ihres Lebens nur das Eine: ihr eigenes, in ihnen wohnendes Gesetz zu erfüllen, ihre eigene Gestalt auszubauen, sich selbst darzustellen. Nichts ist heiliger, nichts ist vorbildlicher als ein schöner, starker Baum. Wenn ein Baum umgesägt worden ist und seine nackte Todeswunde der Sonne zeigt, dann kann man auf der lichten Scheibe seines Stumpfes und Grabmals seine ganze Geschichte lesen: in den Jahresringen und Verwachsungen steht aller Kampf, alles Leid, alle Krankheit, alles Glück und Gedeihen treu geschrieben, schmale Jahre und üppige Jahre, überstandene Angriffe, überdauerte Stürme. Und jeder Bauernjunge weiß, dass das härteste und edelste Holz die engsten Ringe hat, dass hoch auf Bergen und in immerwährender Gefahr die unzerstörbarsten, kraftvollsten, vorbildlichsten Stämme wachsen.

Bäume sind Heiligtümer. Wer mit ihnen zu sprechen, wer ihnen zuzuhören weiß, der erfährt die Wahrheit. Sie predigen nicht Lehren und Rezepte, sie predigen, um das Einzelne unbekümmert, das Urgesetz des Lebens.
Ein Baum spricht: In mir ist ein Kern, ein Funke, ein Gedanke verborgen, ich bin Leben vom ewigen Leben. Einmalig ist der Versuch und Wurf, den die ewige Mutter mit mir gewagt hat, einmalig ist meine Gestalt und das Geäder meiner Haut, einmalig das kleinste Blätterspiel meines Wipfels und die kleinste Narbe meiner Rinde. Mein Amt ist, im ausgeprägten Einmaligen das Ewige zu gestalten und zu zeigen.

Ein Baum spricht: Meine Kraft ist das Vertrauen. Ich weiß nichts von meinen Vätern, ich weiß nichts von den tausend Kindern, die in jedem Jahr aus mir entstehen. Ich lebe das Geheimnis meines Samens zu Ende, nichts andres ist meine Sorge. Ich vertraue, dass Gott in mir ist. Ich vertraue, dass meine Aufgabe heilig ist. Aus diesem Vertrauen lebe ich.

Wenn wir traurig sind und das Leben nicht mehr gut ertragen können, dann kann ein Baum zu uns sprechen: Sei still! Sei still! Sieh mich an! Leben ist nicht leicht, Leben ist nicht schwer. Das sind Kindergedanken. Lass Gott in dir reden, so schweigen sie. Du bangst, weil dich dein Weg von der Mutter und Heimat wegführt. Aber jeder Schritt und Tag führt dich neu der Mutter entgegen. Heimat ist nicht da oder dort. Heimat ist in dir innen oder nirgends.

Wandersehnsucht reißt mir am Herzen, wenn ich Bäume höre, die abends im Wind rauschen. Hört man still und lange zu, so zeigt auch die Wandersehnsucht ihren Kern und Sinn. Sie ist nicht Fortlaufenwollen vor dem Leide, wie es schien. Sie ist Sehnsucht nach Heimat, nach Gedächtnis der Mutter, nach neuen Gleichnissen des Lebens. Sie führt nach Hause. Jeder Weg führt nach Hause, jeder Schritt ist Geburt, jeder Schritt ist Tod, jedes Grab ist Mutter. So rauscht der Baum im Abend, wenn wir Angst vor unsern eigenen Kindergedanken haben. Bäume habe lange Gedanken, langatmige und ruhige, wie sie ein längeres Leben haben als wir. Sie sind weiser als wir, solange wir nicht auf sie hören. Aber Schnelligkeit und

Kinderhast unserer Gedanken eine Freudigkeit ohnegleichen. Wer gelernt hat, Bäumen zuzuhören, begehrt nicht mehr, ein Baum zu sein. Er begehrt nichts zu sein, als was er ist. Das ist Heimat. Das ist Glück.

Hermann Hesse

In den Himmel geschrieben

Bäume sind Gedichte,
die die Erde in den Himmel schreibt.
Wie die Samen,
die unter der Schneedecke träumen,
träumen eure Herzen vom Frühling.
Vertraut diesen Träumen,
denn in ihnen verbirgt sich
das Tor zur Unendlichkeit.
Die Blumen des Frühlings
sind die Träume des Winters.

Khalil Gibran

Reifen

Wenn der Baum geboren wird,
ist er nicht sofort groß.
Wenn er groß ist,
blüht er nicht sofort.
Wenn er blüht,
bringt er nicht sofort Früchte hervor.
Wenn er Früchte hervorbringt,
sind sie nicht sofort reif.
Wenn sie reif sind,
werden sie nicht sofort gegessen.

Ägidius von Assisi

Ich bin der Wald

Ich bin uralt.
Ich hege den Hirsch.
Ich hege das Reh.
Ich schütz euch vor Sturm.
Ich schütz euch vor Schnee.
Ich wehre dem Frost.
Ich wahre die Quelle.
Ich hüte die Scholle,
bin immer zur Stelle.
Ich bau euch das Haus.
Ich heiz euch den Herd.
Drum, ihr Menschen,
haltet mich wert!

Forsthaus-Inschrift, 17. Jh.

Du alter Baum

Du alter Baum,
du bist mein Freund.
Ich bin so gerne bei dir.
Und lehn' ich mich an deinen Stamm,
stehst du fest neben mir.

Ich steige hoch in dich hinein
und schaukle hin und her.
„Sag, alter Baum, magst du das auch?
Bin ich zu schwer?"

In deinem Schatten liege ich
im Sommer gern im Gras.
Wenn's regnet, stehst du über mir.
Da werde ich nicht nass.

Ich habe Angst um dich, mein Freund!
Die Bäume sind in Not;
denn viele Wälder sind so krank
und viele Bäume tot.

„Geht es dir gut, du alter Baum?“,
frag ich und schau dich an.
Ich will dich schützen, glaube mir,
so gut ich es nur kann.

Rolf Krenzer

Erinnern

Nun ist ein alter Baum ein Stückchen Leben. Er beruhigt. Er erinnert. Er setzt das sinnlos herauf-geschraubte Tempo herab, mit dem man unter großem Geklapper am Ort bleibt. Und diese alten Bäume sollten dahingehen, sie, die nicht von heute auf morgen nachwachsen? Die man nicht „nachliefern“ kann? Die nicht in Serien, frei ab Wald, wieder aufgebaut werden können?

Kurt Tucholsky

Die Bäume

Denn wir sind wie Baumstämme im Schnee. Scheinbar liegen sie glatt auf, und mit kleinem Anstoß sollte man sie wegschieben können. Nein, das kann man nicht, denn sie sind fest mit dem Boden verbunden. Aber sieh, sogar das ist nur scheinbar.

Franz Kafka

Bibliografische Information der Deutschen Nationalbibliothek
Die Deutsche Nationalbibliothek verzeichnet diese Publikation in der Deutschen Nationalbibliografie; detaillierte bibliografische Daten sind im Internet über http://dnb.d-nb.de abrufbar.

Bildnachweis:
Vignetten: © vector_corp/Freepik, S. 2: © stock.adobe.com/Daria 17, S. 4, 7: © stock.adobe.com/Salamatik, S. 9: © stock.adobe.com/Imran, S. 10/11: © stock.adobe.com/tanatat, S. 12/13: © stock.adobe.com/Enel Eva, S. 14/15: © stock.adobe.com/Kateina, S. 17: © stock.adobe.com/IvanDbajo, S. 18: © Olga Korneeva/Shutterstock, S. 20: © stock.adobe.com/kamrunnahar, S. 22/23: © stock.adobe.com/tanatat, S. 25: © stock.adobe.com/Alfaza Std., S. 27: © stock.adobe.com/NEXTUZ, S. 28/29: © stock.adobe.com/taniKoArt, S. 31: © stock.adobe.com/anney_lier

Textnachweis:
Jörg Zink: Was ich dir wünsche?, aus: ders., Ich werde gerne alt © 2022 Verlag Herder GmbH, Freiburg i. Br.

Rose Ausländer: Die Bäume, aus: Rose Ausländer, Gesammelte Werke, Hrsg. von Helmut Braun, Bd. 8, Jeder Tropfen ein Tag. Gedichte aus dem Nachlaß, S. 25 © 1990, S. Fischer Verlag, Frankfurt a.M.

Karl Krolow: Der Baum, aus: ders., Gesammelte Gedichte, Teil 1, S. 195 © 1965 Suhrkamp Verlag, Frankfurt a. Main

Hermann Hesse: Vergänglichkeit, Textauszug aus: Ders., Bäume. Betrachtungen und Gedichte. Zusammengestellt von Volker Michels, S. 9-13 © 1984 Insel Verlag, Frankfurt am Main

Hermann Hesse: Bäume, aus: Ders., Gesammelte Werke, hrsg. von Volker Michels, Band 10. Die Gedichte. Bearbeitet von Peter Huber, S. 256 © 2002, Suhrkamp Verlag, Frankfurt am Main

Rolf Krenzer: Du alter Baum, aus: Hast du etwas Zeit für mich? Hrsg. von Impulse, 1. Januar 2000 © Rolf Krenzer Erben, Dillenburg

ISBN 978-3-7462-6560-5

Zusammenstellung: Volker Bauch, Gößnitz
Covergestaltung: Ulrike Vetter, Leipzig
Covermotiv: © stock.adobe.com/kamrunnahar
Gesamtherstellung: Arnold & Domnick, Leipzig (A)